L'AMI DES OUVRIERS

OU

ENTRETIENS FAMILIERS

ENTRE

UN OUVRIER ET UN PAYSAN

PAR

UN VIEUX CAMPAGNARD

1870

MORLAIX
TYPOGRAPHIE DE JULES HASLÉ
Rue d'Aiguillon, 8, et rue St Melaine, 4
1871

MORLAIX, TYPOGRAPHIE DE J. HASLÉ, RUE D'AIGUILLON, 8

Aux Ouvriers de la Ville et de la Campagne

Ce qui fait le malheur des Grands, des Princes et des Rois, disait un Ancien, c'est que la vérité arrive rarement jusqu'à eux. Napoléon serait-il tombé, s'il avait consulté et écouté des hommes disposés à lui dire la vérité?

Il est surtout un Souverain auquel l'on cache la vérité; un Souverain que l'on flatte, qu'on adule, qu'on amuse sans cesse. Quel est-il ce Souverain? C'est le Peuple, ce sont les Ouvriers. Oui, mes amis, l'on vous flatte, l'on vous trompe, l'on vous cache la vérité, et voilà aussi ce qui fait votre malheur.

Eh bien! moi, votre ami, moi, un enfant du peuple comme vous; moi, un simple campagnard; moi, un pauvre vieillard, je veux vous dire la vérité franchement et carrément. Il s'agit de vos intérêts les plus chers, veuillez donc m'écouter. Prenez et lisez.

JACOU.

Le 24 Octobre 1870.

DISCUSSION

ENTRE

UN PAYSAN ET UN OUVRIER DE LA VILLE

SUR CES MOTS

LIBERTÉ, ÉGALITÉ, FRATERNITÉ

La Scène se passe à Brest

PIERRE, *l'Ouvrier.* — JEAN, *le Paysan.*

PIERRE. — Bonjour, Jean, te voilà donc en ville ; je suis enchanté de te voir.

JEAN. — Tiens, c'est toi, Pierre ? ma foi j'ai failli ne pas te reconnaître.

PIERRE. — Ça n'est pas étonnant ; il y a bien du temps que nous ne nous sommes vus et nous commençons à grisonner.

JEAN. — Hélas oui, Pierre ; nous sommes loin du temps où nous allions ensemble à l'école, au catéchisme et à la messe : tu étais mon meilleur camarade et je fus bien affligé quand tu vins à Brest.

PIERRE. — Et si nous allions prendre une chopine ? Qu'en dis-tu, Jean ?

JEAN. — Accepté. Nous aurons le plaisir de bavarder plus à l'aise.

Pierre et Jean assis à une table à l'auberge.

JEAN. — Je te disais tout-à-l'heure que j'ai eu de la

peine à te reconnaître, mais c'est que tu es habillé comme un monsieur !

PIERRE. — C'est que, vois-tu, j'ai mon habit de dimanche. L'on ne travaille pas aujourd'hui dans le port.

JEAN. — Et pourquoi ?

PIERRE. — L'on proclame aujourd'hui la République ; tout le monde est en jubilation.

JEAN. — Quoi ? Nous sommes encore en République ?

PIERRE. — Est-ce que tu ne serais pas Républicain, Jean ?

JEAN. — Ma foi, je n'en sais rien. Moi je ne demande qu'une chose, la paix, l'ordre et la tranquillité.

PIERRE. — Sois tranquille, Jean, avec la République tout le monde sera heureux.

JEAN. — J'en doute fort, j'ai entendu mon père parler de la première République comme d'un temps bien malheureux. Nous avons vu la République de 48, et ce fut encore une époque désastreuse pour nous autres paysans, et si la République d'aujourd'hui n'est pas meilleure que ses aînées, nous serons bien à plaindre.

PIERRE. — Avec un gouvernement qui a pour devise : *Liberté, Égalité, Fraternité*, pouvons-nous ne pas être heureux ?

JEAN. — Tout ça, mon cher Pierre, c'est de la blague, rien que de la blague.

PIERRE. — Quoi, Jean, tu n'aimerais pas la liberté.

JEAN. — J'aime la liberté de tout mon cœur, oui la liberté de faire le bien, mais pas la liberté de faire le mal.

PIERRE. — Qui te parle de la liberté de faire le mal ?

JEAN. — Ce que je sais, c'est que les Républicains, surtout ceux qui se disent Républicains de la veille, ne veulent de la liberté que pour eux, pour eux seuls. Liberté d'insulter la religion et les honnètes gens, liberté de confisquer les biens de ceux qu'ils traitent de suspects ; voilà, mon cher Pierre, la liberté comme l'entendent les Républicains de la veille. Cette liberté là, vois-tu, je n'en veux pas, je l'envoie à tous les D.......

PIERRE. — Mais sous la République, mon cher Jean, il **y a** *Égalité*.

JEAN. — Égalité ! C'est encore un mot creux qui n'est qu'un mensonge. Il y a toujours eu des riches et des pauvres. — A côté d'un homme fort et robuste tu vois un boiteux ou un bossu; à côté d'une jolie femme tu vois une femme laide. Les Républicains sont les premiers à faire disparaître l'égalité, car tous ils s'empressent d'accaparer les plus hauts emplois et surtout les emplois les plus lucratifs. Et puis, mon cher Pierre, si nous étions égaux, qui travaillerait, qui servirait? Crois-moi, ce mot égalité dans la bouche des Républicains, n'est qu'une blague.

PIERRE. — Je crois, mon cher Jean, que tu te trompes; les Républicains sont tous frères.

JEAN. — La fraternité que prêchent les Républicains ne vaut pas la fraternité que prêche l'Évangile. Les Républicains de 93 guillotinaient leurs frères et s'emparaient de leurs biens, quelle fraternité! Les catholiques, au contraire, fondent des hôpitaux pour recueillir les pauvres, fondent des écoles pour instruire les enfants des pauvres ouvriers. Voilà de la vraie fraternité!

Je te quitte, mon cher Pierre, une autre fois, si cela t'amuse, nous causerons plus au long.

Deuxième Entretien

ENTRE PIERRE ET JEAN

PIERRE. — Eh bien, Jean, comment ça va depuis notre entrevue d'il y a un mois ?

JEAN. — Ça ne va pas mal, Pierre, comme tu vois. La santé est bonne, mais les affaires vont mal.

PIERRE. — Que veux-tu, Jean, il faut espérer que le commerce reprendra.

JEAN. — Je doute que la République nous ramène la prospérité.

PIERRE. — Tu n'aimes donc pas la République ?

JEAN. — Je t'ai déjà dit que peu m'importe la forme du Gouvernement, pourvu que nous ayons l'ordre et la tranquilité, mais je vois avec douleur que les soi-disant Républicains n'aiment que le trouble et le désordre.

PIERRE. — Ne sais-tu pas, Jean, que ce sont les Prêtres, les Nobles et les Riches, qui sont la cause de nos malheurs ?

JEAN. — Non assurément je ne savais pas cela, mais je serais curieux de connaître les preuves de ce que tu avances.

PIERRE. — Les preuves ! Mais tout le monde le sait et le dit.

JEAN. — C'est-à-dire, mon cher Pierre, le monde que tu fréquentes, mais ce monde là n'est pas la France ; Dieu merci ! C'est-à-dire que l'on vous fait avaler les plus grossières absurdités, les mensonges et les calomnies qui n'ont pas l'ombre de vraisemblance.

PIERRE. — Tu nous prends donc, nous ouvriers, pour des imbéciles ?

JEAN. — Comme tu le dis, et les preuves, ne me manquent pas. Veux-tu m'écouter quelques instants et sans te fâcher?

PIERRE. — Je t'écoute de mes deux oreilles.

JEAN. — Crois-tu qu'avec la République les ouvriers n'auront plus besoin de travailler ?

PIERRE. — Je ne crois pas cela.

JEAN. — Veux-tu que ta femme et tes enfants soient libres d'aller à la messe le Dimanche ?

PIERRE. — Mais certainement.

JEAN. — Voudrais-tu que lorsque tu as travaillé tout le mois, quand la paye arrive, un autre vint réclamer la moitié de ta paye ?

PIERRE. — Je voudrais bien voir un fainéant qui n'a rien fait, réclamer le prix de mon travail ! il ne faudrait plus que cela.

JEAN. — Je sais, Pierre, que tu es propriétaire d'une maison et d'un champ que tu as hérités de ton père qui était un brave homme aimé et estimé de tout le monde chez nous. Si maintenant, par la raison que nous sommes en République, un voisin qui trouve à sa convenance et ta maison et ton champ, venait te dire : Désormais tout celà est à moi ; que ferais-tu, que dirais-tu ?

PIERRE. — Parsembleu ! je prendrais une trique et je rosserai l'impudent voleur, et je crois que tout homme à ma place en ferait autant.

JEAN. — Peux-tu approuver la conduite de ces ouvriers qui se révoltent contre leurs patrons, qui réclament un salaire exorbitant et qui vont le Dimanche et le lundi dépenser au cabaret le prix de leurs journées, laissant la femme et les enfants crever de faim ?

PIERRE. — Non certes, je dis que ce sont des gredins, des fainéants.

JEAN. — Trouves-tu qu'il y a de la bravoure à insulter une femme ou un prêtre ?

PIERRE. — Mais non, c'est de la lâcheté que d'insulter des personnes que l'on sait incapables de se défendre.

JEAN. — Tu as des enfants, et tu prétends, n'est-ce pas ? avoir le droit de les mettre à l'école là où tu voudras, chez les frères, chez les sœurs ou bien chez d'autres maîtres ou d'autres maîtresses ?

PIERRE. — Qui voudrait m'enlever ce droit ? je prétends être maître d'envoyer ou de ne pas envoyer mes enfants à l'école et de les faire instruire par qui je voudrai.

JEAN. — Trouves-tu juste, Pierre, que l'on persécute des hommes, des français auxquels on a rien à reprocher, seulement parce qu'ils portent le nom de jésuites ou de frères de la doctrine chrétienne ?

PIERRE. — Tout français, à mon avis, a droit à la liberté et à la protection de la loi. Si un jésuite ou un frère se rend coupable d'un délit, qu'il soit puni comme les autres, voilà ce qui me semble juste.

JEAN. — Que penses-tu de ces hommes qui inventent toutes sortes de mensonges et de calomnies pour exciter la haine des ouvriers contre les patrons, contre les riches, contre les nobles, contre les prêtres ?

PIERRE. — Je pense et je dis que les menteurs et les calomniateurs, sont d'infâmes scélérats.

Jean. — Quand tu demeurais à la campagne tu allais à confesse comme les autres; dis moi si jamais ton confesseur t'a donné un mauvais conseil?

Pierre. — Jamais, jamais, au contraire !

Troisième Entretien

Jean. — D'après tes réponses, mon cher Pierre, je suis en droit de conclure que si tu es républicain, tu n'aimes ni les voleurs, ni les lâches ni les insulteurs de femmes et de prêtres.

Pierre. — Non assurément, mille fois non !

Jean. — Remarque bien, Pierre, qu'il y a deux sortes de Républicains. — Il y a des Républicains honnêtes, de bonne foi, qui préfèrent la République à la Monarchie. Toi tu es de ce nombre, car je te crois honnête et incapable de vouloir faire du mal à qui que ce soit. Si tous ceux qui se disent Républicains te ressemblaient, la République ne trouverait pas d'opposition en France. Mais il y a une autre classe de Républicains qui ne soupirent qu'après le désordre et le pillage, et ce sont ceux là qui prétendent faire la loi, bien qu'ils ne forment qu'une faible minorité en France. Oui, Pierre, ce sont ces révolutionnaires qui vous soufflent le mot d'ordre, qui vous poussent en avant et se tiennent eux-mêmes derrière les rideaux, jusqu'au moment où ils se croiront assurés du triomphe.

Pierre. — Ce que tu dis là, Jean, m'était déjà venu à l'esprit, et je commence à me méfier des prôneurs de liberté.

Jean. — Aux fruits, l'on connait l'arbre, les hommes se font connaître par leurs actes. En considérant la conduite et les agissements des Révolutionnaires passés, présents, je pourrais dire, futurs, je dis que ce sont des voleurs, des lâches, des impies.

Pierre. — Ce que tu dis là, Jean, est bien fort. Mais où sont tes preuves ?

JEAN. — Je prouverai tout ce que j'avance. Ce sera un peu long peut-être ; mais nous sommes de revoir, car je viens presque tous les jours en ville, et nous nous retrouverons, à moins toutefois que ma conversation ne te déplaise.

PIERRE. — Au contraire, loin de là. Tous les jours à l'atelier j'entends parler contre les nobles et les prêtres et je suis bien aise d'entendre une autre chanson : qui n'entend qu'une cloche n'entend qu'un son.

JEAN. — Je plains bien ces pauvres ouvriers, qui au fond, ne sont pas méchants, d'être condamnés à entendre tous les jours les propos les plus insensés et les plus infâmes. Il n'y a pas lieu de s'étonner qu'à force d'entendre calomnier les hommes les plus respectables et même la religion, ces pauvres ouvriers finissent par se pervertir. Ils n'entendent qu'une cloche et par conséquent n'entendent qu'un son.

PIERRE. — Je suis pressé de voir comment tu prouveras ce que tu as avancé.

JEAN. — Ecoute donc, Pierre, je dis 1º que les Révolutionnaires sont des menteurs. Pour ne parler que du temps présent, écoute ce qu'ils disent : Le Pape favorise les Prussiens ; les nobles envoyent de l'argent aux Prussiens ; les prêtres veulent revenir à la dîme, ils n'aiment pas la liberté. N'est-il pas vrai, Pierre, que tu as entendu ces propos ?

PIERRE. — Je n'entends que cela dans toutes les réunions.

JEAN. — Eh bien, Pierre, ce sont des mensonges et des absurdités. Peux-tu croire que le Pape, le père et le chef des catholiques, favorise les Prussiens qui sont protestants? Et vous cependant, vous catholiques, vous avalez cette absurdité !

Les nobles envoyent de l'argent aux Prussiens ! Fi donc. Je vois au contraire que les nobles sont les premiers à s'enrôler pour aller combattre les Prussiens et se faire tuer pour la défense de la patrie.

Les prêtres veulent revenir à la dîme et d'ailleurs ils n'aiment pas la liberté ! Les prêtres, Pierre, ne se plaignent pas de leur sort, je les connais mieux que les Républicains révolutionnaires : ils demandent la paix et la tranquilité et la liberté de faire le bien ; mais cette liberté, les Révolutionnaires ne veulent pas la leur laisser.

Autrefois, c'est-à-dire, pendant le temps de la terreur, les Révolutionnaires, après avoir incendié les châteaux, disaient que les nobles eux-mêmes y avaient mis le feu. Le mensonge, toujours le mensonge, c'est la tactique des Révolutionnaires pour animer les populations contre les nobles et les prêtres. Ils savent bien qu'ils mentent, mais ils convoitent les biens des nobles et des riches et, comme ils savent que les prêtres prêchent contre les voleurs, ils en veulent aux prêtres comme à tous ceux qui sont riches. Dis moi, Pierre, si ce que je viens d'avancer n'est pas la pure vérité ?

PIERRE. — Je suis forcé d'en convenir, et j'avoue que les nobles que je connais sont de braves gens, bons pour les pauvres, bon pour leurs fermiers, et affables envers tout le monde, plus affables que la plupart de ces maîtres et contre-maîtres qui nous traitent souvent comme des esclaves dans les ateliers.

Quatrième Entretien

PIERRE. — Commençons, Jean, par trinquer comme de vieux camarades, et puis nous reprendrons notre conversation de l'autre jour.

JEAN. — A ta santé, Républicain.

PIERRE. — A ta santé, l'avocat des nobles et des prêtres.

JEAN. — J'accepte volontiers le titre que tu me donnes; j'en suis même fier, bien que je sois un triste avocat. Ce que je puis te dire, Pierre, c'est que je ne crains pas de paraître chrétien et de tenir tête aux démagogues qui veulent tout bouleverser chez nous. Si tous les honnêtes gens faisaient comme ton camarade, les Révolutionnaires ne feraient pas tant de tapage.

PIERRE. — Revenons à tes preuves : tu m'as prouvé

que les Révolutionnaires sont des menteurs ; il s'agit maintenant de prouver qu'ils sont voleurs.

Jean. — C'est facile à prouver :

Voler c'est prendre le bien d'autrui, un bien qui n'est pas à nous, contre le gré du véritable propriétaire. Or, n'est-ce pas ce qu'ont fait et veulent faire aujourd'hui en France les Républicains rouges ? Vois, mon cher Pierre, ce qu'ils font à Lyon, à Marseille, à Toulouse et dans bien d'autres villes. Ils chassent les jésuites, les moines et les religieuses de leurs maisons qu'ils pillent en véritables brigands. Les meneurs, les orateurs, dans les clubs, ne se gênent pas pour prêcher le vol et le pillage. Voici une anecdote dont je puis garantir l'authenticité :

Dernièrement, dans une ville du département *(Finistère)*, le club était réuni et les discours se succédaient, c'était un plaisir. Un marchand tailleur et un boulanger avaient éloquemment parlé. Aux plaintes des ouvriers condamnés à ne rien faire, faute de travail, ces orateurs démagogues disaient : Mes amis, voilà Monsieur un tel, et Monsieur un tel, qui ont renvoyé leurs ouvriers ; ces messieurs aristocrates veulent, voyez-vous, vous laisser crever de faim ; eh bien, allez chez eux, prenez ce qui vous convient, de l'argent, du pain, des hardes, etc., etc., etc. *(Applaudissements dans l'auditoire)*. Un des ouvriers présents éleva la voix et dit : Ces messieurs dont vous parlez sont loin de la ville, nous avons mieux que cela. Ceux d'entre vous, mes camarades, qui ont besoin d'un habit, d'un paletot, par exemple, pour passer l'hiver qui approche, ceux-là, dis-je, iront chez Monsieur qui vient de parler avec tant d'éloquence ; ce citoyen est marchand tailleur qui vient de faire de beaux bénéfices en fournissant des habillements à la troupe. — Bravo ! bravo !

Et puis ceux d'entre vous qui n'ont pas de pain à donner à leurs enfants, en trouveront chez le citoyen que voilà qui est boulanger et qui, au nom de la fraternité, se fera un plaisir de vous distribuer un pain frais chaque matin. — Bravo ! bravo ! — Après cette réplique la séance fut close.

Pierre. — Voilà un ouvrier qui n'est pas bête ! Le tailleur et le boulanger ont dû baisser pavillon et larguer l'écoute.

Jean. — Eh bien, Pierre, voilà la morale que prêchent ces bons Républicains qui ont la prétention de gouverner la France, au nom de la liberté et de la fraternité. N'ai-je pas raison de les classer parmi les voleurs et les brigands?

PIERRE. — Je dis que ces gredins-là ne méritent pas de porter le nom de Républicains.

JEAN. — Outre qu'ils sont menteurs et voleurs ils sont lâches et poltrons. Tu n'as qu'à voir, Pierre, ce qui se passe de notre temps et sous nos yeux. Tandis que nos paysans, appelés ou rappelés sous les drapeaux, se battent contre les Prussiens, les Républicains de Lyon et de Marseille restent chez eux et déploient leur bravoure contre les prêtres ou contre les églises ou encore contre des citoyens inoffensifs. La vue d'une soutane les met en fureur et ils croient avoir fait un acte héroïque en insultant un prêtre; le même, peut-être, qui leur a fait faire leur première communion et qui, plus tard est venu à leur secours.

Veux-tu, Pierre, que je te conte encore une histoire?

PIERRE. — Je ne demande pas mieux.

JEAN. — Tout dernièrement la garde nationale de la commune de X. était réunie pour l'exercice. Un Monsieur se présente et se met à pérorer; mes amis, dit-il, nous sommes en République ; aujourd'hui tout est permis ; pillez, tuez, faites ce que vous voudrez, il n'y a rien à vous dire; je vous engage à commencer par votre curé et votre maire. Là dessus, le tambour, un fort gaillard, dépose son tambour, jette sa veste, et s'approchant de l'orateur, il lui applique un soufflet qui l'envoie rouler par terre, en disant : c'est par toi, gredin, que je veux commencer , et tu n'as rien à dire !

Bravo ! bravo ! crient les assistants.

Cinquième Entretien

PIERRE. — J'ai raconté l'histoire du tambour aux camarades de l'atelier ; plusieurs ont baissé les yeux, mais d'autres, en plus grand nombre, ont dit : Le tambour a bien fait.

JEAN. — Cela prouve, Jean, que la plupart des ouvriers seraient de bons citoyens et même de bons chrétiens s'il n'étaient pas endoctrinés par un tas de renégats qui en définitif, ne sont que des ânes qui parlent de ce qu'ils ne savent pas.

PIERRE. — Tu as promis de me prouver aujourd'hui que les Révolutionnaires sont des impies.

JEAN. — Nous y arrivons. Ecoute moi bien, Pierre, un impie est un homme qui n'a pas de convictions religieuses, qui renie Dieu ou blasphème le saint nom de Dieu; un homme sans religion, sans foi et sans loi, un homme qui ne reconnait d'autre Dieu que lui-même. D'après cette définition qui me semble claire et incontestable, il n'est pas difficile de prouver que les Révolutionnaires, autrement dit, Républicains rouges, sont des impies. Qu'ont-ils fait dans le passé? En 93, après avoir mis à mort le meilleur de nos rois, ils proscrivirent la religion et les prêtres. Les Eglises furent pillées et indignement profanées. Plus tard, voyant que le peuple regrettait les belles cérémonies de la religion, ils inventèrent le culte de l'Etre-Suprême et de la Déesse Raison. Un jour, à Brest, ils dressèrent un autel dans l'Eglise Saint-Louis et, sur cet autel, ils placèrent la Déesse Raison.

PIERRE. — La Déesse Raison ! Mais quelle était cette Déesse ?

JEAN. — C'était, tout simplement, une jeune fille de la ville, jeune fille qui, tu peux bien le penser, n'était pas un modèle de vertu. A la place de l'image de la Sainte Vierge, ils mirent une prostituée.

PIERRE. — Mais ils étaient fous ces gens là !

JEAN. — Oui fous, assurément, et en outre impies et sacrilèges.

PIERRE. — On ne verra plus ces abominations là, il faut l'espérer.

JEAN. — Les Révolutionnaires d'aujourd'hui, Pierre, ne sont pas meilleurs que ceux d'autrefois. On les a vus à Rome aller communier de la main du Pape et le jour même ils conspiraient contre le Pape qui venait de grâcier quelques-uns d'entr'eux qui avaient été condamnés à mort. Quelques jours après ils assassinaient Rossi, le ministre du Pape, sous les yeux même du Pape.

Je t'ai déjà parlé de Lyon et de Marseille. Là, ils ont déjà commencé à persécuter le clergé, et s'ils l'avaient osé, ils auraient masacré tous les Ecclésiastiques

Mais sans aller plus loin que Brest, nous voyons ce dont ils sont capables. Je te demande, Pierre, si ces insurgés avaient besoin d'aller troubler les offices aux Carmes, et mettre le trouble et l'alarme dans la ville. C'est ainsi qu'ils agissent partout ; ils haïssent la religion et ils voudraient empêcher les autres d'aller à l'Eglise, comme si la liberté de prier Dieu n'était pas la première de toutes les libertés.

PIERRE. — Tu me dis là des choses auxquelles je n'avais jamais pensé.

JEAN. — Il faudrait pourtant y penser, Pierre, il est triste de voir comment les ouvriers se laissent tromper , se laissent aveugler par des hommes qui se disent leurs amis et qui, en réalité, sont leurs plus grands ennemis. Vois ce qui arrive à Brest et ailleurs.

Voilà un maître ouvrier, un patron qui a vingt apprentis, ou vingt ouvriers qu'il paye exactement, qu'il traite en quelque sorte comme ses enfants. Au moment où il a le plus grand besoin du travail de ses ouvriers, un ouvrier étranger arrive , parle aux ouvriers, et voilà apprentis et ouvriers qui déguerpissent et laissent là le patron dans l'impossibilité de remplir ses engagements.

A Paris, l'Empereur dépense des millions, et des centaines de millions pour fournir et procurer du travail aux ouvriers, et ces ouvriers gagnés par les Révolutionnaires et les Sociétés secrètes, se révoltent contre l'Empereur. Je ne veux pas ici faire l'éloge du Gouvernement impérial, loin de là, mais je veux être juste et impartial, et je dis que les ouvriers de Paris ont été des ingrats.

Ce que je dis des ouvriers de la capitale, je le dis des ouvriers du port de Brest. J'ai vu le règne de Charles X, de Louis-Philippe et de Napoléon, toujours, et surtout pendant l'Empire, les ouvriers du port ont été favorisés, et toujours les ouvriers du port ont fait de l'opposition à tous les Gouvernements.

Aux dernières élections nous les avons vus abandonner Monsieur Conseil qui avait constamment plaidé leur cause à la Chambre, pour voter en faveur d'un étranger patroné par les Républicains. N'est-ce pas là, Pierre, de l'aveuglement et de l'ingratitude ?

PIERRE. — J'aurais voulu que tous les ouvriers du monde et surtout les ouvriers du port eussent été ici présents à t'entendre. Il est de fait que nous nous laissons mener comme un troupeau de moutons, par des individus qu'au fond nous méprisons.

JEAN. — Il faudrait, Pierre, secouer cette tyrannie.

Sixième Entretien

PIERRE. — Je vois, Jean, que tu connais la politique et l'histoire mieux que moi.

JEAN. — Cela n'est pas étonnant; j'ai passé quelques années au collége, tandis que tu apprenais ton métier, et depuis, dans les longues soirées d'hiver, je lis des livres instructifs, et aussi les journaux pour me tenir au courant de ce qui se passe.

PIERRE. — Pourrais-tu me dire pourquoi certains hommes parlent tant contre le Pape et les prêtres?

JEAN. — Ces hommes que tu entends parler contre le Pape et contre les prêtres, ne connaissent ni le Pape ni les prêtres. Ils savent seulement que le Pape et les prêtres prêchent là soumission aux autorités légitimes, la nécessité de mettre un frein aux mauvaises passions, et comme ils veulent renverser tous les trônes et toutes les religions, surtout la religion catholique, la seule vraie, ils emploient tous les moyens, le mensonge et la calomnie, pour étouffer dans le cœur du peuple le respect du Pape, des évêques et des prêtres. D'un autre côté, ces républicains rouges, ces socialistes, ces communistes, comme ils s'appellent, sachant que les prêtres sont un obstacle à la réalisation de leurs projets, parce que les prêtres, comme je l'ai déjà dit, prêchent le respect de la propriété et surtout l'honneur des femmes. Ces Républicains, dis-je, ne savent qu'inventer pour affaiblir et détruire l'influence des prêtres. Mais je serais enchanté, Pierre, de connaître les reproches que tu entends faire aux prêtres.

Pierre. — Je ne saurais te dire tout ce que j'ai entendu sur ce chapitre. Je te dirai ce qui me reviendra dans la mémoire. Ils nous disent, par exemple, que les prêtres sont des hommes comme nous, que les prêtres ne sont pas meilleurs que les autres. Voilà.

Jean. — Les prêtres sont des hommes comme nous, cela est vrai, et les prêtres n'ont jamais prétendu le contraire. Mais aux yeux de la foi, aux yeux des chrétiens, le prêtre a un caractère qui le met au-dessus des autres hommes. Les impies ne veulent pas croire cela, c'est leur affaire, tant pis pour eux.

Les prêtres ne sont pas meilleurs que les autres. C'est-à-dire, mon cher Pierre, que les prêtres étant hommes sont sujets aux faiblesses humaines, qu'ils ne sont pas impeccables. Il se peut que dans le nombre il se trouve quelque délinquant, comme dans une armée de 40,000 hommes il se trouve quelque lâche. Voici ce que disent les mécréants : Dans tel endroit, dans telle ville, un prêtre a donné du scandale ; respectez après cela les prêtres ! Ils se ressemblent tous. Et les imbéciles d'applaudir ! Si je te disais, Pierre, il y a parmi les ouvriers des voleurs, je ne risquerais pas de me tromper ; mais si j'ajoutais : Donc tous les ouvriers sont des voleurs, oh ! alors, je dirais une absurdité et une injustice, car il y a des ouvriers probes et honnêtes. Tout de même, parce qu'il y a un ou même plusieurs mauvais prêtres, dire que tous les prêtres sont mauvais est une absurdité, pleine de malice dans la bouche des hommes irréligieux.

Pierre. — Ce que tu dis là, Jean, est juste et facile à comprendre. Mais l'on fait aux prêtres d'autres reproches. Ainsi l'on dit qu'ils sont trop riches, etc., etc., etc.

Jean. — Il serait à souhaiter pour les pauvres, et surtout pour les pauvres malades, que les prêtres fussent riches. Mais, mon cher Pierre, il n'en est rien. Et d'où crois-tu viendraient aux prêtres leurs richesses ?

Pierre. — Ils sont rétribués par le Gouvernement.

Jean. — C'est-à-dire que le Gouvernement leur donne de quoi avoir un morceau de pain. Sais-tu combien ils reçoivent de traitement ?

Pierre. — Ma foi non !

Jean. — Je vais te le dire : un curé de canton, quand il

est de 1re classe, reçoit 1,500 francs; un curé de 2e classe, 1,200 francs; un simple recteur, 900 francs; un vicaire, 350 francs.

PIERRE. — Ce n'est pas gros, il faut en convenir. Mais, vois-tu, les prêtres se rattrapent sur le casuel.

JEAN. — Il faut voir, Pierre, combien il est lourd ce casuel dans la plupart de nos paroisses de campagne! Je voudrais bien voir à la place de nos prêtres, ces faquins, ces viveurs qui dépensent pour leur toilette et dans les cafés plus d'argent que ne perçoit dans toute l'année, un curé qui doit tenir ménage, sans compter les aumônes qu'il est dans la nécessité de faire.

PIERRE. — Mais les prêtres ne font rien que pour de l'argent, il faut toujours les payer.

JEAN. — Je croyais, Pierre, que tu avais plus que cela de bon sens. Voyons : autrefois quand nous allions au catéchisme, le prêtre nous demandait-il de l'argent?

PIERRE. — Mais non.

JEAN. — Autrefois tu allais à confesse, tu faisais tes pâques; je ne te demande pas si tu as changé de conduite, mais je te demande si jamais ton confesseur t'a demandé de l'argent.

PIERRE. — Mais non.

JEAN. — Le prêtre va la nuit comme le jour, au loin comme auprès, voir les malades, les pauvres comme les riches. Le médecin en pareil cas se fait payer, et c'est juste, mais le prêtre exige-t-il un salaire?

PIERRE. — Non, que je sache.

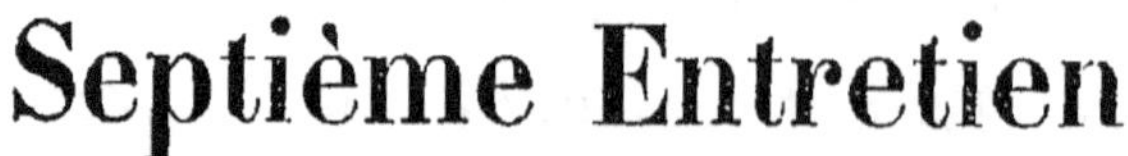

Septième Entretien

PIERRE. — Revenons au sujet de notre dernier entretien. Est-il vrai, comme je l'entends dire, que les prêtres s'opposent à l'instruction des enfants du Peuple?

Jean. — C'est le contraire qui est vrai. Nos prêtres, Pierre, sont tous ou presque tous, des enfants de paysans ou d'ouvriers qui ne demandent pas mieux que de favoriser l'instruction des enfants du Peuple. Plusieurs d'entr'eux se font un plaisir de faire école aux enfants pauvres de leurs paroisses. Nous-mêmes, Pierre, n'avons-nous pas appris à lire et à écrire au presbytère de notre paroisse?

Pierre. — C'est vrai, mais il n'en est pas de même aujourd'hui à ce qu'il paraît.

Jean. — Pourquoi? Parce que dans chaque commune il y a aujourd'hui un instituteur nommé par le Gouvernement, et cet instituteur entend avoir seul le droit de faire école.

Pierre. — L'on dit que les prêtres et les instituteurs ne sont pas très-amis.

Jean. — Les bons instituteurs sont très-bien vus des curés, mais parmi les instituteurs d'aujourd'hui il y a un grand nombre qui ne sont pas des modèles de piété. Ceux-là, tu le comprends, ne peuvent pas et ne doivent pas être les amis du curé.

Pierre. — Je me suis laissé dire que dans quelques villes, les nouveaux conseils municipaux ont renvoyé les frères qui pourtant instruisent bien les enfants.

Jean. — Cela n'est que trop vrai. Les Conseils municipaux, dans beaucoup de villes, sont composés aujourd'hui, et même depuis longtemps, de Républicains révolutionnaires, et ces gens-là ne peuvent pas supporter les frères, parce que les frères sont catholiques et donnent une instruction chrétienne à leurs élèves. Tous les ans, dans les concours, les élèves des frères obtiennent les premières places, remportent les premiers prix, ce qui prouve que les frères font bonne école; mais rien n'y fait; les francs-maçons et les voltairiens n'en veulent pas.

Pierre. — Si cependant les pères de famille préfèrent l'école des frères à l'école des instituteurs laïques, n'ont-ils pas le droit de choisir?

Jean. — Assurément, Pierre; d'après même le droit naturel, ils ont ce droit, mais les révolutionnaires et les francs-maçons n'entendent pas de cette oreille; pour eux il n'y a d'autre droit que le droit de la force, le despotisme et l'arbitraire.

PIERRE. — Pour moi, je prétends avoir le droit d'envoyer mes enfants à telle école qu'il me plaira.

JEAN. — Tu as mille fois raison, Pierre, mais tu n'es pas un Républicain rouge.

PIERRE. — J'espère que je ne le serai jamais ; j'aime la liberté pour moi et aussi pour les autres. Il ne valait pas la peine d'abattre le despotisme de Napoléon pour subir un autre despotisme.

JEAN. — C'est bien parler, Pierre, et si tous les Français parlaient ainsi, haut et ferme, les despotes républicains ne feraient pas ce qu'ils font, et ce qu'ils ont toujours fait. Despotisme pour despotisme, je préfère le despotisme d'un seul.

PIERRE. — Je suis bien de ton avis, Jean. Moi, vois-tu, je croyais tout bonnement que nous allions avoir une République sage et honnête, un gouvernement économe, un gouvernement à bon marché, un gouvernement qui n'aurait pas donné des traitements de trois cent mille francs au même individu. Et je vois ces Républicains, qui se disaient si désintéressés, courir après les gros traitements. C'est à dégoûter de la République.

JEAN. — Des hommes désintéressés, les Républicains! Ah oui! Ils ne font des révolutions que pour supplanter ceux qui sont dans les postes lucratifs. Ils mettent l'intérêt du peuple en avant, mais en réalité ils ne pensent qu'à leur propre intérêt. Nous avons déjà vu plusieurs révolutions, toutes faites au profit de quelques ambitieux ; le peuple a toujours été, comme l'on dit, le dindon de la farce.

PIERRE. — Tu as parfaitement raison. Et que veux-tu que nous fassions dans les circonstances présentes?

JEAN. — Je crois que ce que nous avons de mieux à faire, c'est d'attendre que la France consultée se prononce sur la forme du Gouvernement. Dans les élections qui ne peuvent manquer d'avoir lieu tôt ou tard, votons avec les hommes d'ordre et pour des hommes honnêtes et catholiques avant tout. Les ennemis du Pape et de la Religion ne peuvent pas être les amis du peuple et de la France qui est la fille aînée de l'Eglise.

PIERRE. — Cela veut dire, ce me semble, que si la République est proclamée par la nation, nous devons nous rallier à la Répuplique, et que si la Monarchie est proclamée, nous devons nous rallier à la Monarchie.

JEAN. — C'est bien cela, Pierre, donne-moi la main et quittons-nous en bons amis en criant :

Vive la France! Vive la Religion!

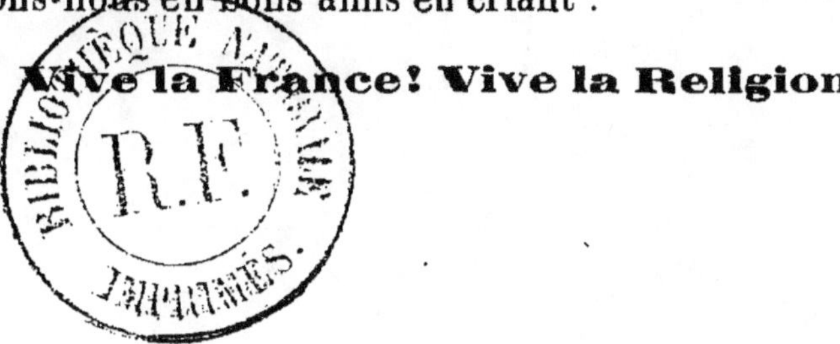

Morlaix, Typographie de J. Haslé, rue d'Aiguillon, 8, et rue St-Melaine, 4.